小兔子
學賺錢

文·圖 辛德絲·麥克勞德 Cinders McLeod

譯 顏銘新

獻給安雅，能獨立
又讓我驕傲的小可愛。

作者‧繪者｜辛德絲‧麥克勞德 Cinders McLeod

插畫家、歌手、作曲家，同時也是低音提琴樂手。辛德絲曾長期為英國《格拉斯哥先驅報》創作社會諷刺漫畫專欄《Broomie Law》，也為許多兒童刊物、商業廣告及國際知名媒體如英國《衛報》與加拿大廣播公司等繪製插畫。她的作品曾獲世界報紙設計協會、加拿大國家報紙獎等多項肯定。現今居住在加拿大多倫多。想更了解辛德絲，可以造訪她的網站：moneybunnies.com和cindersmcleod.com。

譯者｜顏銘新

賺錢：曾在兒童書店、金融機構和科技公司努力掙錢。
花錢：在圖畫書和青少年小說花了很多錢。
存錢：想看更多的書、聽音樂和去旅行。
分享：在北市圖當了好多年說故事志工，現在和太太吳方齡一起在小茉莉親子共讀臉書粉絲頁分享小茉莉早餐和國內外童書資訊。

（知識繪本館）

小兔子學理財1 小兔子學賺錢

Earn It! (A Moneybunny Book)

作者｜辛德絲‧麥克勞德 Cinders McLeod　譯者｜顏銘新

責任編輯｜戴淳雅　特約編輯｜堯力兒　美術設計｜李潔　行銷企劃｜陳詩茵

天下雜誌群創辦人｜殷允芃　董事長兼執行長｜何琦瑜
媒體暨產品事業群
總經理｜游玉雪　副總經理｜林彥傑　總編輯｜林欣靜
行銷總監｜林育菁　主編｜楊琇珊　版權主任｜何晨瑋、黃微真

出版者｜親子天下股份有限公司　地址｜臺北市104建國北路一段96號4樓
電話｜（02）2509-2800　傳真｜（02）2509-2462　網址｜www.parenting.com.tw
讀者服務專線｜（02）2662-0332　週一～週五 09:00~17:30
讀者服務傳真｜（02）2662-6048　客服信箱｜parenting@cw.com.tw
法律顧問｜台英國際商務法律事務所‧羅明通律師
製版印刷｜中原造像股份有限公司
總經銷｜大和圖書有限公司　電話（02）8990-2588

出版日期｜2021年1月第一版第一次印行
　　　　　2024年7月第一版第十五次印行
定價｜320元　書號｜BKKKC163P　ISBN｜978-957-503-709-3（精裝）

訂購服務
親子天下 Shopping｜shopping.parenting.com.tw
海外‧大量訂購｜parenting@cw.com.tw
書香花園｜台北市建國北路二段6巷11號　電話（02）2506-1635
劃撥帳號｜50331356　親子天下股份有限公司

國家圖書館出版品預行編目資料

小兔子學理財1：小兔子學賺錢／
　辛德絲‧麥克勞德 Cinders McLeod 文‧圖；
　顏銘新 譯／
　-- 第一版. -- 臺北市：親子天下，　2021.01
　40 面；20.3X26.7 公分. --
　譯自：Earn It! (A Moneybunny Book)
　978-957-503-709-3（精裝）
　1.理財 2.生活教育 3.繪本
563　　　　　　　　　　　　109019699

立即購買 >

這ㄓㄜˋ是ㄕˋ

邦ㄅㄤ妮ㄋㄧˊ　←

邦ㄅㄤ妮ㄋㄧˊ的ㄉㄜ　→
媽ㄇㄚ媽ㄇㄚ

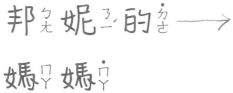

牠ㄊㄚ是ㄕˋ邦ㄅㄤ妮ㄋㄧˊ的ㄉㄜ　→
小ㄒㄧㄠˇ狗ㄍㄡˇ，　巴ㄅㄚ克ㄎㄜˋ

這ㄓㄜˋ是ㄕˋ邦ㄅㄤ妮ㄋㄧˊ的ㄉㄜ→
弟ㄉㄧ弟ㄉㄧ，　兔ㄊㄨˋ尼ㄋㄧˊ

在ㄗㄞˋ兔ㄊㄨˋ子ㄗ國ㄍㄨㄛˊ裡ㄌㄧˇ，
胡ㄏㄨˊ蘿ㄌㄨㄛˊ蔔ㄅㄛ就ㄐㄧㄡˋ是ㄕˋ錢ㄑㄧㄢˊ。

每ㄇㄟˇ個ㄍㄜˋ星ㄒㄧㄥ期ㄑㄧˊ， 邦ㄅㄤ妮ㄋㄧˊ帶ㄉㄞˋ巴ㄅㄚ克ㄎㄜˋ去ㄑㄩˋ散ㄙㄢˋ步ㄅㄨˋ，
就ㄐㄧㄡˋ能ㄋㄥˊ賺ㄓㄨㄢˋ到ㄉㄠˋ1根ㄍㄣ胡ㄏㄨˊ蘿ㄌㄨㄛˊ蔔ㄅㄛ。

每ㄇㄟˇ個ㄍㄜˋ星ㄒㄧㄥ期ㄑㄧˊ， 邦ㄅㄤ妮ㄋㄧˊ唱ㄔㄤˋ搖ㄧㄠˊ籃ㄌㄢˊ曲ㄑㄩˇ
哄ㄏㄨㄥˇ弟ㄉㄧˋ弟ㄉㄧˋ入ㄖㄨˋ睡ㄕㄨㄟˋ， 就ㄐㄧㄡˋ能ㄋㄥˊ賺ㄓㄨㄢˋ到ㄉㄠˋ
1根ㄍㄣ胡ㄏㄨˊ蘿ㄌㄨㄛˊ蔔ㄅㄛ。

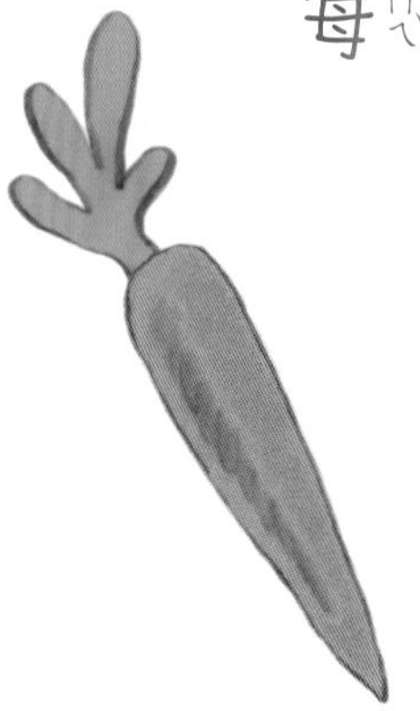

快ㄎㄨㄞˋ快ㄎㄨㄞˋ
睡ㄕㄨㄟˋ～

我ㄨㄛˇ不ㄅㄨˋ睡ㄕㄨㄟˋ～

邦ㄅㄤ妮ㄋㄧˊ好ㄏㄠˇ愛ㄞˋ唱ㄔㄤˋ歌ㄍㄜ，
她ㄊㄚ有ㄧㄡˇ個ㄍㄜˋ大ㄉㄚˋ夢ㄇㄥˋ想ㄒㄧㄤˇ……

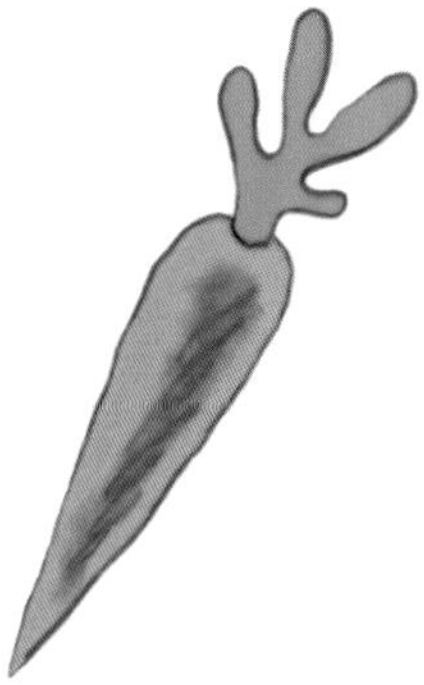

我ㄨㄛˇ要ㄧㄠˋ變ㄅㄧㄢˋ有ㄧㄡˇ錢ㄑㄧㄢˊ！

還_{ㄏㄞˊ}要_{ㄧㄠˋ}變_{ㄅㄧㄢˋ}有_{ㄧㄡˇ}名_{ㄇㄧㄥˊ}！

親_{く一ㄣ}愛_{ㄞˋ}的_{ㄉㄜ}，那_{ㄋㄚˋ}你_{ㄋㄧˇ}要_{一ㄠ}
怎_{ㄗㄣˇ}麼_{ㄇㄜ}做_{ㄗㄨㄛ}到_{ㄉㄠ}呢_{ㄋㄜ}？

我_{ㄨㄛˇ}唱_{ㄔㄤˋ}歌_{ㄍㄜ}！

唱_{ㄔㄤˋ}～

　唱_{ㄔㄤˋ}～

唱_{ㄔㄤˋ}～

　唱_{ㄔㄤˋ}～

do re mi fa so la si do!

那麼，你要在哪裡唱歌？

在舞臺上！

還有，你要怎麼上舞臺？

你開車載我去啊！

你ㄋㄧˇ知ㄓ道ㄉㄠˋ嗎ㄇㄚ˙，邦ㄅㄤ妮ㄋㄧˊ，
兔ㄊㄨˋ子ㄗ˙並ㄅㄧㄥˋ不ㄅㄨˋ會ㄏㄨㄟˋ一ㄧ覺ㄐㄩㄝˊ醒ㄒㄧㄥˇ來ㄌㄞˊ
就ㄐㄧㄡˋ變ㄅㄧㄢˋ有ㄧㄡˇ名ㄇㄧㄥˊ。

為ㄨㄟˋ什ㄕㄣˊ麼ㄇㄜ˙？

嗯ㄣ，其ㄑㄧˊ實ㄕˊ你ㄋㄧˇ必ㄅㄧˋ須ㄒㄩ
下ㄒㄧㄚˋ點ㄉㄧㄢˇ功ㄍㄨㄥ夫ㄈㄨ才ㄘㄞˊ行ㄒㄧㄥˊ。

那ㄋㄚˋ我ㄨㄛˇ該ㄍㄞ怎ㄗㄣˇ麼ㄇㄜ˙
開ㄎㄞ始ㄕˇ呢ㄋㄜ˙？

你ㄋㄧˇ可ㄎㄜˇ以ㄧˇ去ㄑㄩˋ
上ㄕㄤˋ課ㄎㄜˋ學ㄒㄩㄝˊ唱ㄔㄤˋ歌ㄍㄜ。

可ㄎㄜˇ是ㄕˋ上ㄕㄤˋ課ㄎㄜˋ
要ㄧㄠˋ付ㄈㄨˋ錢ㄑㄧㄢˊ……

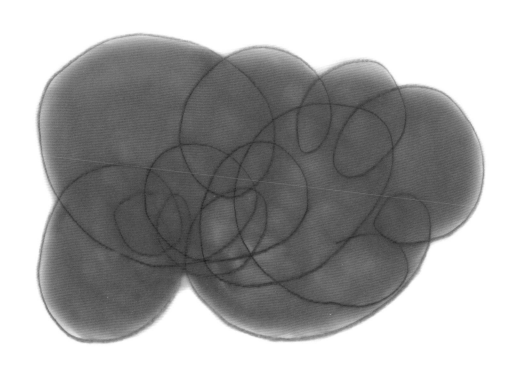

我ㄨㄛˇ想ㄒㄧㄤˇ要ㄧㄠˋ錢ㄑㄧㄢˊ
變ㄅㄧㄢˋ多ㄉㄨㄛ，
不ㄅㄨˋ想ㄒㄧㄤˇ要ㄧㄠˋ錢ㄑㄧㄢˊ
變ㄅㄧㄢˋ少ㄕㄠˇ！

那你來花園幫我忙，
每星期我會再多付給你
1 根胡蘿蔔。

遛(ㄌㄧㄡ)狗(ㄍㄡ)　　園(ㄩㄢ)藝(ㄧ)

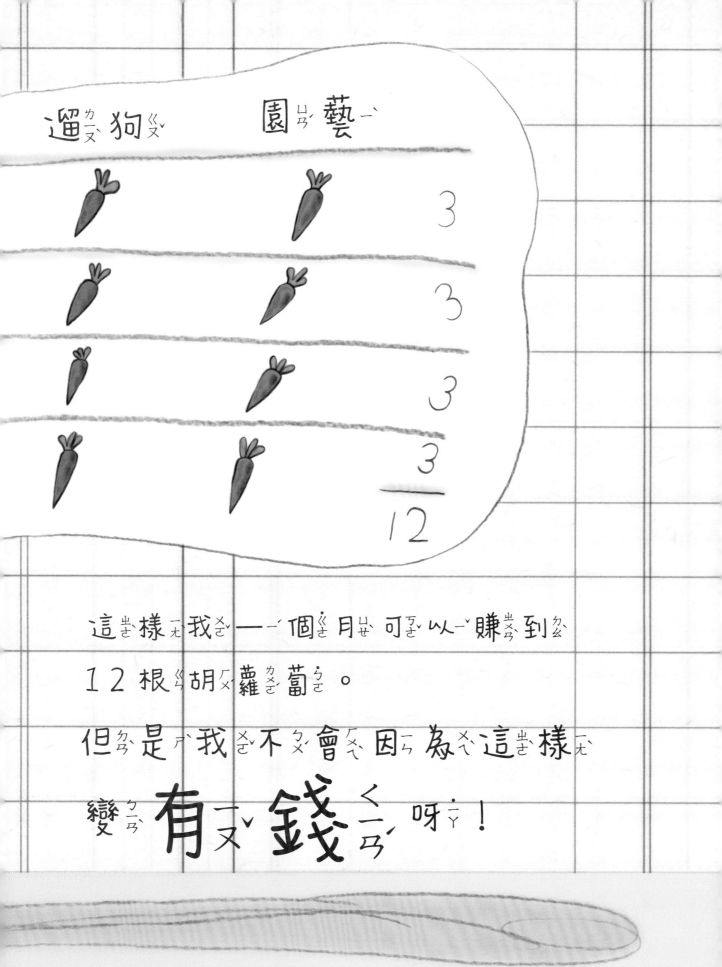

3

3

3

3
___
12

這(ㄓㄜ)樣(ㄧㄤ)我(ㄨㄛ)一(ㄧ)個(ㄍㄜ)月(ㄩㄝ)可(ㄎㄜ)以(ㄧ)賺(ㄓㄨㄢ)到(ㄉㄠ)

12根(ㄍㄣ)胡(ㄏㄨ)蘿(ㄌㄨㄛ)蔔(ㄅㄛ)。

但(ㄉㄢ)是(ㄕ)我(ㄨㄛ)不(ㄅㄨ)會(ㄏㄨㄟ)因(ㄧㄣ)為(ㄨㄟ)這(ㄓㄜ)樣(ㄧㄤ)

變(ㄅㄧㄢ)有(ㄧㄡ)錢(ㄑㄧㄢ)呀(ㄧㄚ)！

沒ㄟ錯ㄜ。
不ㄨ過ㄛ你ㄋ如ㄨ果ㄛ唱ㄔ得ㄜ很ㄣ好ㄠ，
你ㄋ可ㄜ以ㄧ參ㄢ加ㄐㄚ
學ㄒㄩㄝ校ㄒㄧㄠ音ㄧ樂ㄩㄝ會ㄟ的ㄉ表ㄅㄠ演ㄧㄢ。

好ㄠ吃ㄔ！

但ㄉㄢˋ是ㄕˋ我ㄨㄛˇ不ㄅㄨˊ會ㄏㄨㄟˋ
因ㄧㄣ為ㄨㄟˋ這ㄓㄜˋ樣ㄧㄤˋ
變ㄅㄧㄢˋ有ㄧㄡˇ名ㄇㄧㄥˊ呀ㄧㄚ！

沒ㄇㄟˊ錯ㄘㄨㄛˋ。
但ㄉㄢˋ是ㄕˋ如ㄖㄨˊ果ㄍㄨㄛˇ你ㄋㄧˇ
一ㄧˋ直ㄓˊ唱ㄔㄤˋ······

就ㄐㄧㄡ會ㄏㄨㄟ有ㄧㄡ人ㄖㄣ注ㄓㄨ意ㄧ到ㄉㄠ我ㄨㄛ？

也許吧。
重要的是，你會一天比一天
唱得更好，
慢慢成為優秀的歌手。

我ㄨㄛ想ㄒㄧㄤ變ㄅㄧㄢ成ㄔㄥ一ㄧ個ㄍㄜ很ㄏㄣ棒ㄅㄤ的ㄉㄜ歌ㄍㄜ手ㄕㄡ！

所_{ㄙㄨㄛˇ}以_{一ˇ}要_{一ㄠˋ}練_{ㄌ一ㄢˋ}習_{ㄒ一ˊ}、練_{ㄌ一ㄢˋ}習_{ㄒ一ˊ}、再_{ㄗㄞˋ}練_{ㄌ一ㄢˋ}習_{ㄒ一ˊ}！

然後，
如果你一直努力，
多存一些胡蘿蔔，
你就能錄一首歌，
讓很多兔子來買。

然後呢？

然後我就會變得有錢又有名？

然後你就會明白……

那ㄋㄚˋ樣ㄧㄤˋ我ㄨㄛˇ會ㄏㄨㄟˋ
覺ㄐㄩㄝˊ得ㄉㄜˊ很ㄏㄣˇ棒ㄅㄤˋ嗎ㄇㄚ˙？

你ㄋㄧˇ會ㄏㄨㄟˋ的ㄉㄜ。　那ㄋㄚˋ感ㄍㄢˇ覺ㄐㄩㄝˊ就ㄐㄧㄡˋ像ㄒㄧㄤ
你ㄋㄧˇ有ㄧㄡˇ錢ㄑㄧㄢˊ又ㄧㄡˋ有ㄧㄡˇ名ㄇㄧㄥˊ
一ㄧˊ樣ㄧㄤˋ的ㄉㄜ棒ㄅㄤˋ！

哇ㄨㄚ－啦ㄌㄚ－啦ㄌㄚ－啦ㄌㄚ－啦ㄌㄚ！

我ㄨㄛ學ㄒㄩㄝ會ㄏㄨㄟ賺ㄓㄨㄢ錢ㄑㄧㄢ了ㄌㄜ！

小兔子邦妮

理ㄌ一ˇ財ㄘㄞˊ小ㄒ一ㄠˇ兔ㄊㄨˋ喜ㄒ一ˇ歡ㄏㄨㄢ數ㄕㄨˇ數ㄕㄨˇ，
也一ㄝˇ曉ㄒ一ㄠˇ得ㄉㄜˊ什ㄕㄣˊ麼ㄇㄜ˙可ㄎㄜˇ以一ˇ數ㄕㄨˇ、什ㄕㄣˊ麼ㄇㄜ˙無ㄨˊ法ㄈㄚˇ數ㄕㄨˇ！